AF728211

14
LK. 109.

DISCOVRS PRONONCEZ A L'OVVERTVRE des Estas Generaux de la Province de Languedoc, convoquez par mandement de Sa Majesté en la Ville de Montpelier.

du Mardy 15. Nouembre 1672.

BIBLIOTHEQUE ... I

A MONTPELIER,
Par DANIEL PECH, Imprimeur des Estas Generaux de la Province de Languedoc.

M. CD. LXXII.

SON ALTESSE MONSEIGNEVR LE DVC DE VERNEVIL, PAIR DE FRANCE, Gouverneur & Lieutenant General pour le Roy en la Province de Languedoc.

A DIT.

MESSIEVRS,

Ces Conqueſtes ſi ſurprenantes de Sa Majeſté, par leſquelles le Ciel l'a mis en eſtat de punir ces Provinces du mépris qu'elles faiſoient des Couronnes, & d'abatre cette orgueilleuſe Domination, qui n'avoit neantmoins d'autre tiltre que celuy de la rebellion ſeule, doivent eſtre ſenſibles à cette Province qui y eſt intereſſée, par l'aſſiſtance qu'elle a donnée à Sa Majeſté; non pas comme les autres, qu'vne neceſſité indiſpenſable y oblige; mais qui s'y eſt portée avec vne liberté toute entiere, & vn zele ſans pareil; ce qui ne peut que luy produire des effets de la bonté ordinaire du Roy, accompagnée des bons offices de MESSIEVRS les Commiſſaires de Sa Majeſté, qui ne me deſavoueront pas quand je proteſteray devant cette Compagnie qu'ils ne cedent à perſonne du monde en ſentimens avantageux pour le Languedoc.

MONSIEVR DE BEZONS Intendant de Iustice, Police & Finances en la Province de Languedoc.

A DIT.

MESSIEVRS,

Aprés avoir eû l'honneur de porter si souvent les volontez de S. M. dans cette Auguste Compagnie, ce qui devroit estre le sujet de ma confience fait celuy de mon étonnement; Le merite de ceux qui composent les Estats & qui forment cette Assemblée me fait aprehender d'entrer dans vne repetition ennuyeuse, & je reconnois qu'on ne peut point expliquer avec plus de dignité les sentimens qu'à le Roy pour cette Province que par ce qui est contenu dans les Commissions dont vous venez d'entendre la lecture, qui portent tout ensembre les marques de la bonté de S. M. pour le Languedoc & la recompense de vôtre fidelité : Que si à ces paroles qui ont esté consacrées, comme des monuments pretieux de vôtre liberté il s'y pouvoit ajoûter quelque chose, les asseurances que M. Le Duc de Verneüil vous donne de la continuation des mesmes graces, & ce que vous apprendrez de MESSIEVRS vos Deputez surpasse infiniment tout ce que l'on pourroit dire en cette occasion : Mais puis qu'il faut satisfaire à la coûtume indispensable de parler aujourd'huy, je renfermeray tout ce que je dois dire à cette seule reflexion : Que comme nôtre principale obligation est de reconnoistre vn premier principe qui est la cause vniverselle de toutes choses ; La seconde qui suit immediatement celle-cy, est d'honnorer son Image en terre, & de respecter en la personne des Rois le Caractere visible de sa Puissance.

Il n'y a rien de si grand dans le monde

que l'esprit de l'homme, c'est vn être subsistant par luy-mesme, & qui est capable de toutes les connoissances & de toutes les lumieres; mais il est aussi la forme d'vn corps sujet à mille accidens, il reçoit les bonnes ou les mauvaises impressions de son temperament; si bien que l'on peut dire que cette grandeur est si fort balancée, que cèt homme qui est n'ay pour estre le Maistre de la nature, en est presque toûjours l'esclave, & qu'au lieu de regner sur toutes les creatures, il est souvent plus miserable que le reste des animaux, qui estans conduits, ou par instinc ou par vn raisonnement d'vn ordre inferieur, ne sont pas sujets à tant d'incertitudes: Cherchons en peu de mots la preuve de cette verité. L'homme a esté formé pour honnorer son Createur, & pour estre vn animal sociable; pour estre mené à sa premiere fin, il porte en luy-mesme & trouve par tout des marques de la Divinité, & dans l'obligation où nous sommes de reconnoistre ce premier Estre, il nous a prescrit le culte qu'il a voulû qui luy fût rendu pour empescher l'égarement de nostre esprit; il a mesmes donné des loix pour la sanctification de nostre conduite; &

BIBLIOTHEQUE NATIONALE DEPR.

pour nous mener tout ensemble à cette seconde fin de la societé civile, il a rendu les Princes depositaires de ses Loix pour la seureté des familles & pour le bon-heur des peuples.

A peine les hommes estoient-ils joints par quelque sorte d'vnion qu'effaçans de leur esprit cette soûmission necessaire, la vanité & l'orgueil leur firent oublier qu'il y avoit vn Dieu; L'arrogance mesme de quelques Philosophes ne pût pas leur permettre de reconnoistre vn Souverain Estre, & il se forma vne Secte de ceux qui ont crû que rien n'estoit audessus de leur Sage, & qu'il estoit le seul arbitre, aussi-bien que l'autheur de sa bonne ou de sa mauvaise fortune; & comme l'inconstance est le vice ordinaire & le foible de l'homme qui hait souvent ce qu'il a aymé, & qu'il se persuade que le changement est vne marque de grandeur, il n'a pû demeurer long-temps dans vne mesme assiette ny soûtenir les accidens de la vie & les troubles de son ame sans tomber dans la crainte, & ensuite dans l'ignorance; & au lieu que la vanité luy avoit fait nier vn Souverain Estre: Sa frayeur & sa foiblesse luy ont fait reconnoiſtre autant de Dieux qu'il a trouvé de choſes qui ſurpaſſoient ſa connoiſſance; En effet les Arabes paſſants les nuits à la garde de leurs troupeaux furent les premiers Idolatres, comme les premiers Aſtronomes; ils adorerent les Aſtres dont ils admiroient le cours, & le plus ſçavant des Hebreux adjoûte que le fils de Noé bâtit le premier des Simulacres qu'il adora, & que le mépris qu'il avoit fait de la Royauté de ſon pere le jetta dans ce deſordre & dans ce mal-heur; ainſi cette impieté ſe communiqua de l'Arabie dans l'Egypte, & delà dans toutes les parties du monde : Les hommes adorerent les choſes inanimées, ils rendirent vn culte à tout ce qui leur paroiſſoit extraordinaire, & les animaux meſmes furent ſouvent l'objet de cette veneration par la crainte que l'on eût de leur venin & de leur poizon : Nous voyons bien que les plus ſages de l'antiquité eurent horreur de cette ſuperſtition, qu'ils reconnurent qu'il n'y avoit qu'vn premier principe; mais l'exemple du ſuplice de Socrate les empeſcha de condamner les Divinitez populaires, (pour parler en leurs termes,) & ils devinrent eſclaves de la coûtume qu'ils condamnoient, tant il eſt veritable que le peuple ne peut point ſubſiſter s'il n'eſt regy par des Loix qui le conduiſent à ſa felicité, & qu'il ne peut eſtre jamais éclairé des veritables lumieres de la Religion s'il n'a vne regle audeſſus de luy qui le determine, comme il a beſoin de l'authorité & de la puiſſance des Princes pour l'empeſcher de tomber dans vne anarchie. Il ne ſeroit pas mal-aiſé de prouver cette verité par l'exemple de tous les ſiecles ; mais pourquoy en chercher ailleurs, puiſque nous en avons vn ſi fameux en nos jours, & qui ſervira de modelle à la poſterité : Car ſans entrer dans la diſcution des erreurs ou s'êtoit plongée la Hollande, ne parlant que de ſa conduite dans l'ordre de la Politique ; à peine ces Provinces s'eſtoient-elles vnies en Republique, & elles n'avoient pas joüy pendant vn ſiecle de cette fauſſe liberté, que voulant devenir les arbitres de l'Europe & donner des Loix aux Souverains elles oublierent ce qu'elles devoient à leurs alliez, & ainſi leur vanité & leur aveuglement leur a attiré la colere du Ciel, & elles ont eſté punies par la meſme main qui les avoit ſoûtenuës; ſi bien qu'en vn moment l'ouvrage de tant d'années, cét établissement fait avec tant de sang & de peine s'est trouvé détruit à la seule marche du Roy : N'attendez-pas, MESSIEVRS, que dans cette occasion j'entreprenne de vous faire voir la grandeur des actions de nostre Prince, la Iustice de ses Conseils, le secret de cette conduitte, la disposition de cette entreprise, & la valeur dans l'execution ; ny le lieu, ny le temps, ny la foiblesse de mes paroles ne me permettent pas d'entamer vn sujet de cette qualité, qui a donné de l'estonnement & de l'admiration à toute l'Europe, & fourny de la matiere aux plus eloquens hommes de nostre siecle. Les vns ont crû qu'à l'exemple d'Alexandre il avoit marqué châque journée par vne victoire ou par la prise d'vne place ; les autres ont estimé qu'il avoit surpassé infiniment la valeur des Cæsars, puisque les bornes qui arresterent leurs victoires n'avoient fait que servir de matiere à ses Triomphes ; mais ce qui est veritable, est que l'on n'a rien trouvé dans l'antiquité qui pût entrer jusques à present en comparaison des actions de nostre Monarque, & lors que je vois de quelle maniere il fait reconnoistre les terres de ses ennemis, les soins qu'il apporte pour en estre informé, le passage fameux du Rhin, la prise de tant de places, il me semble qu'il est conduit de la main de Dieu ainsi qu'vn autre Iosué, que les eaux du Iourdain s'arrestent pour laisser passer son Armée, que les murailles de Ierico s'abattent pour ne luy point faire de resistance, que sa reputation marche auparavant ses troupes & détruit ses ennemis par le bruit de son nom auparavant qu'il les surmonte par la force, & qu'en vn mot ces pierres qui furent posées par les douze Tributs pour la marque de tant de Victoires ont esté comme les figures du rétablissement des Autels en vne guerre aussi juste, en laquelle le Roy a plûtôt vengé la cause de Dieu que la sienne : Tant d'actions glorieuses, cette foule de Conquestes, cette moderation dans la victoire, & les autres vertus Heroïques de nostre Prince meritoient sans doute que ses sujets luy élevassent des Arcs de Triomphe, & en gravassent sur le marbre & sur l'airin les marques eternelles: En effet on se preparoit de toutes parts à faire éclatter cette reconnoissance par des monumens publics, & la Capitale du mon-

de

de ſongeoit à exprimer au dehors les ſentimens que tous ſes Citoyens avoient témoigné en leur particulier, lors que le Roy par vn mouvement de pieté refuſe les honneurs qui luy ſont juſtement defferez, & n'en veut point d'autres que les actions de graces qu'il rend luy-meſme au pied des Autels au Dieu des Armées, à celuy par qui les Rois regnent & qui l'ayant donné à la France par vne naiſſance miraculeuſe, conſervé à ſon Eſtat, & eſtably ſa Grandeur & ſa Puiſſance au point que nous la voyons, le deſtine pour eſtre ſa veritable Image dans toute la conduite de ſa vie; faſſe le Ciel qu'elle n'ait point de bornes, & que ſes peuples joüiſſent pendant pluſieurs ſiecles de la felicité qu'il leur procure, & que cette Province puiſſe par la continuation de ſa fidelité meriter celle de ſes bien-faits, & ſous les ordres & la douceur du Gouvernement de M. le Duc de Verneüil donner dans toutes les occaſions des marques de ſa gratitude.

MONSEIGNEVR,

L'EVESQVE D'VSEZ.

A DIT.

M

La Province de Languedoc a toûjours mis au rang de ses plus beaux Privileges celuy qui luy donne la liberté de s'Assembler tous les ans sous le bon plaisir du Roy, & si elle est jalouse de conserver cét avantage, c'est par la gloire qu'elle reçoit de donner plus souvent à Sa Majesté des marques publiques de sa respectueuse soûmission & de son inviolable fidelité.

Nous nous eſtimons glorieux de conſacrer tout ce que nous avons de liberté au ſervice de noſtre Auguſte Monarque ; il eſt tout enſemble l'objet de nos delices, & celuy de noſtre veneration, Nous le regardons comme vn grand Roy que Dieu nous a donné d'vne façon toute extraordinaire, & qui à vingt cinq ans eſt devenu par ſes actions vn Roy miraculeux, comme dans ſa naiſſance il a eſté vn enfant de miracle.

Tout ce que peut dire la renommée ſur ce ſujet eſt infiniment audeſſous de la verité; car en effet, MESSIEVRS, commencer comme a fait le Roy par où les autres finiſſent ; marcher à pas de Geant dés ſes plus tendres années dans le chemin de ſa gloire, devenir Conquerant en vn âge auquel à peine les autres ſont raiſonnables : Eſt-ce pas donner lieu de croire qu'il eſt venu au monde dans vn Char de Triomphe, ſous la protection toute puiſſante du Dieu des Armées, puiſque c'eſt luy qui a rendu ſon enfance victorieuſe & ſa Minorité Triomphante, qui l'a ſoûtenu dans ſes Combats, qui s'eſt intereſſé dans ſes Conqueſtes, & qui prenant plaiſir de faire de ce Prince admirable vn objet digne de l'amour, de l'eſtime, & de la veneration de tous les peuples, le rend aussi le desespoir de tous les autres Rois.

Les Estrangers ne sont pas moins persuadez de ces veritez que ses propres Sujets; mais quand l'envie (qui attaque toûjours ce qu'il y a de plus grand) ne voudroit pas convenir d'vne chose qui est connuë de tout le monde, ne seroit-elle pas confonduë par vne infinité de preuves convainquantes que nous avons, que le Roy par son propre merite n'est pas moins élevé audessus des autres Rois, qu'il est élevé par sa naissance sur le commun des hommes.

Iamais on ne luy a veu prendre les Armes que pour affermir le repos de ses alliés & la tranquilité de ses Peuples; Il execute avec la derniere valeur à la teste de ses Armées, les grands & admirables desseins qu'il forme dans son Cabinet: Comme il est seul suffisant à luy-même, il trouve dans son propre fonds les lumieres que les autres Rois empruntent de leurs Ministres; il éclaire les siens n'ayant pas besoin d'en estre éclairé, & ces fideles depositaires de ses secrets & de sa confidance (que nous regardons comme les plus grands hommes du monde) font gloire d'avouër qu'à l'égard du Roy, ils ne sont que comme des bassins qui reçoivent les eaux qui coulent incessamment de la plenitude de cette source.

Chacun sçait que les grandes idées de ces derniers projets sur la Hollande (qui vous ont esté admirablement deduites par la plus eloquente bouche de nostre siecle) sont proprement l'ouvrage du Roy ; c'est luy seul qui en a formé le plan & le dessein, sans autre secours que celuy de ces brillantes lumieres, qui sont des écoulemens & des emanations de cette profonde & admirable sagesse que Dieu luy a donnée, comme à Salomon pour le gouvernement de ses Peuples, pour faire en si peu de temps des merveilles aussi surprenantes que celles que le Roy a fait dans la Hollande : Combien solidement falloit-il connoître le genie, le temperament, & les inclinations de tant de Princes differens ; avec qu'elle prudence a-il fallu menager la gloire, la reputation, & les interests de tant de Monarchies, de Republiques & de particuliers qui devoient concourir necessairement ; quoy que par des voyes differentes à cêt ouvrage miraculeux dans lequel on a veu vne execution auſſi prompte que glorieuſe de tout ce qui paroiſſoit impoſſible.

Iamais la France n'avoit connu, ny la grandeur de ſes forces, ny l'étanduë de ſon pouvoir ; il n'appartenoit qu'à nôtre Illuſtre Souverain de penetrer dans cette connoiſſance, car trouvant dans les terres de ſon obeïſſance des richeſſes immenſes qui ſurpaſſent celles des Indes, & qui ne luy coûtent qu'vn Commandement par l'Empire amoureux qu'il a ſur ces ſujets ; il a fait connoître à toute la terre qu'il n'eſt plus neceſſaire d'aller parmy les Ottomans pour voir vne Armée de deux cens mille hommes, qui porte ſur la Mer auſſi-bien que ſur la terre l'épouvante & le'ffroy.

Il ne faut pas s'étonner ſi en cette rencontre le Roy a redoublé ſes efforts, il ne s'y agiſſoit pas ſeulement de ſa propre grandeur; mais encore des intereſts & de la gloire de Dieu : c'eſt pourquoy il eſtoit de la derniere importance qu'il parût comme vn grand Roy que Dieu a ſuſcité pour eſtre, plus d'effet que de nom, vn tres digne Fils aiſné de l'Egliſe, & vn Illuſtre Protecteur de la Religion ?

En effet, MESSIEVRS, avec qu'elle Pieté le Roy a-il rétably le culte des Autels dans la Hollande? qu'elle protection n'a il pas donné à ces Catholiques infortunez, qui gemissoient depuis si long temps sous l'oppression & sous la tyrannie? Ils étoient comme de pauvres Paralitiques au milieu de ces funestes Piscines, dont le venin de l'Heresie avoit empoisonné les eaux, ils n'avoient pas vn homme qui leur tendit la main pour les retirer de cét état miserable & digne de compassion; mais Dieu voulant faire éclater en mesme-temps sa propre Gloire à celle de la France leur a envoyé nostre Ange Tutelaire, lequel ne s'est pas contenté d'avoir humilié des superbes & des ingrats; il s'est rendu le Liberateur des Catholiques opprimez, & l'instrument de la conversion d'vne infinité d'Heretiques: Il est vray que la Grace les avoit preparez; mais ils seroient avortez devant leur naissance, & l'Eglise qui en ce Païs-là estoit extenuée & abbatuë par vne maladie d'vn siecle presque tout entier, n'auroit jamais pû les enfanter à Iesus-Christ son Epoux; si le Roy ne luy avoit redonné son ancienne vigueur & ses premieres forces.

C'estoit trop peu M. pour vn grand Roy comme le nostre, d'avoir reduit l'Heresie jusques aux frayeurs & aux transes de l'agonie dans son Royaume par la justice de ses Edits; ce n'estoit pas encore assez pour luy d'avoir emmené ce Monstre furieux aux pieds de son Trône aprés l'avoir tout à fait desarmé, il luy falloit encore vn nouveau Theatre plus éloigné pour occuper cette Noble ardeur du zele qui l'anime & de la Pieté qui le soûtient; il estoit mesme de sa Dignité d'attaquer ce Monstre dans les Provinces où il estoit le plus fort & le plus cantonné, & où certainement il eût esté indomptable à tout autre qu'à nôtre Invincible Heros.

Bon Dieu, MESSIEVRS, qu'elle affluance de merveilles dans le cours de cette glorieuse Campagne, vne Armée la plus belle, la plus puissante & la mieux disciplinée qu'on ait jamais veu, n'a manqué de rien par la vigilance infatigable de nôtre grand Monarque; il a entrepris avec succez des choses Miraculeuses que d'autres n'oseroient penser, il a entassé (s'il est permis de le dire ainsi) Victoires sur Victoires: On a compté plus de Conqueſtes que de jours de Combats ; & ces Peuples ſi fiers des Provinces vnies, qui pretendoient avec leur arrogance ordinaire arreſter le cours du Soleil de la France, ont trouvé la juſte punition de leur temerité dans leur propre défaite ; ils n'ont pû ſe garantir, ny des pieges qu'ils nous avoient tendus, ny des inondations qu'ils nous avoient preparées ; le ſeul bruit du départ du Roy les avoit mis dans la derniere conſternation, & les approches de nôtre Illuſtre Conquerant ne leur a pas donné moins de terreur qu'en eurent autrefois les Philiſtins à l'approche de ces grands Capitaines qui combatoient pour le Dieu des Hebreux.

Ainſi M. il eſt vray de dire que le Dieu des Batailles a conduit viſiblement noſtre grand Monarque dans le cours rapide de ſes Victoires, & que pour l'accompliſſement de nôtre bon heur le Ciel complaiſant à nos vœux a conſervé la Sacrée & Pretieuſe perſonne du Roy, dans les perils extremes où ſa valeur l'engageoit à tout moment, & dans les fatigues extraordinaires qu'il a ſouffert dans cette Campagne.

Aprés cela M. nous n'avons plus rien à ſouhaitter, ſinon que la vie du Roy qui eſt aſſeurement la plus belle vie du monde, ſoit auſſi la plus longue & la plus heureuſe, & que cette Province puiſſe perſuader à Sa Majeſté qu'elle fait conſiſter ſa gloire & ſon bonheur, dans le deſir qu'elle a de ſurpaſſer toutes les autres Provinces de ſon Royaume, en zele, en Amour, en ſoûmiſſion & en fidelité; c'eſt de V. A. M. que nous eſperons cette grace, nous la joindrons à vne infinité d'autres que nous avons reçeu, & dont nous luy ſommes tres-redevables.

La grandeur de vôtre Illuſtre naiſſance dans le ſang Royal, le merveilleux empreſſement & le zele incomparable que vous avez pour les intereſts du Roy & pour la gloire de ſon Eſtat, vous rendent digne avec raiſon de ſon Eſtime & de ſa confiance; nous eſperons M. que V. A. voudra bien nous rendre vn témoignage qui ne nous ſera pas moins vtile que glorieux, & qu'elle nous continuëra, s'il luy plaiſt, cette genereuſe & obligeante protection qui luy a déja acquis les cœurs de toute cette Province.

Il ſeroit à ſouhaitter que les trois Ordres qui la compoſent pûſſent exprimer leurs ſentimens ſur ce ſujet par vne bouche plus eloquente que la mienne ; j'aurois beſoin de quelque portion de l'eſprit & des belles & vives lumieres de cét Illuſtre Archeveſque & Cardinal, qui fait l'amour & les delices de cette Province, & dont j'occupe aujourd'huy la place fortuitement ; il n'en faut pas moins M. pour parler à vne Compagnie auſſi Auguſte que celle-cy aprés ce que M. l'Intendant luy a dit, la force de ſon Eloquence & de ſon raiſonnement, jointe à la pureté de ſes expreſſions, eſt capable de décourager ceux qui ont à parler aprés luy ; mais ce qu'il y a de plus admirable, c'eſt que ſon cœur, auſſi-bien que ſa langue, ſes actions, auſſi-bien que ſes paroles inſpirent par tout la ferveur & l'amour pour le ſervice du Roy, & c'eſt ce qui luy a ſi ſouvent attiré cette approbation glorieuſe que Sa Majeſté a donné à ſa vertu, à ſon zele, & ſur tout à ſon incomparable fidelité.

Nous ſommes auſſi infiniment redevables à la bonté du Roy, de nous avoir donné les autres Commiſſaires, qui ne ſont pas moins conſiderables par leur propre merite, que par le grand zele qu'ils ont pour les intereſts de Sa Majeſté.

BIBLIOTHEQUE ROYALE

www.ingramcontent.com/pod-product-compliance
Ingram Content Group UK Ltd.
Pitfield, Milton Keynes, MK11 3LW, UK
UKHW032033260826
14628UKWH00006B/2918

9 782011 300935